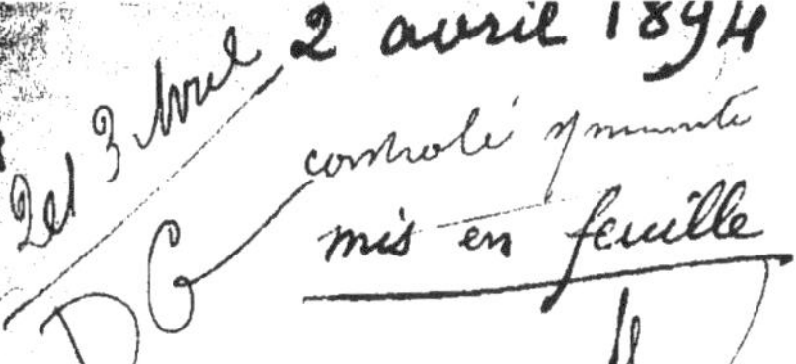

ÉTUDE DE Me DESAUBLIAUX, COMMISSAIRE-PRISEUR
Rue Saint-Guillaume, 21

Succession de Mme MATHILDE DINELLI

# Très Beau
# MOBILIER

Diamants, Bijoux, Argenterie

## IMPORTANTS TABLEAUX MODERNES

Belles Tapisseries anciennes

PARIS - 1894

IMPRIMERIE MAULDE ET RENOU

A. MAULDE & C^ie

IMPRIMEURS DE LA COMPAGNIE DES COMMISSAIRES-PRISEURS

*Rue de Rivoli, 144*

# SUCCESSION

DE

# M^me MATHILDE DINELLI

# CATALOGUE

D'UN TRÈS BEAU

# MOBILIER MODERNE

## des différents Styles

Sculptures en marbre, Bronzes d'art de Barbedienne
Riches Tentures, Tapis de Smyrne

PIANO DROIT DE PLEYEL

**TRÈS BEAUX DIAMANTS & BIJOUX, ARGENTERIE**

Perles, Saphirs, Rubis, Émeraudes

# TABLEAUX MODERNES

## et Aquarelles

**ŒUVRES IMPORTANTES**

Par Brascassat, Chaplin, N. Diaz, Domingo
J. Dupré, Fromentin, Henner, Iwill, Madeleine Lemaire
Palmaroli, Ziem, etc.

## TRÈS BELLE SUITE DE QUATRE TAPISSERIES ANCIENNES

à Sujets d'après LE PRINCE

**GRAVURES, LIVRES**

Le tout dépendant de la

**Succession de Mme Mathilde DINELLI**



ET DONT LA VENTE AURA LIEU

**Par suite de décès**

HOTEL DROUOT, SALLE N° 1

**Les Lundi 2 et Mardi 3 Avril 1894**

A DEUX HEURES

Par le ministère de Me **DESAUBLIAUX**, Commissaire-Priseur
rue Saint-Guillaume, 21

Assisté de **M. B. LASQUIN**, Expert, rue Laffitte, 12

CHEZ LESQUELS SE TROUVE LE PRÉSENT CATALOGUE

**EXPOSITIONS**

| PARTICULIÈRE | PUBLIQUE |
|---|---|
| Le Samedi 31 Mars 1894 | Le Dimanche 1er Avril 1894 |

de 1 heure 1/2 à 6 heures

## CONDITIONS DE LA VENTE

La vente aura lieu au comptant.

Les Acquéreurs paieront CINQ POUR CENT en sus des enchères.

## ORDRE DES VACATIONS

**Le Lundi 2 Avril 1894**

à 2 heures

ARGENTERIE, DIAMANTS, BIJOUX

à 4 heures 1/2

AQUARELLES, TABLEAUX, BRONZES D'ART

SCULPTURES

**Le Mardi 3 Avril 1894**

LIVRES, PORCELAINES, BRONZES D'AMEUBLEMENT, MEUBLES

TAPISSERIES ANCIENNES, TENTURES, TAPIS

**NOTA. — Les Vins, Linge et Garde-Robe seront vendus dans une salle qui sera ultérieurement indiquée, le Mercredi 4 Avril 1894.**

A. MAULDE et Cie, imprimeurs de la Compagnie des Commissaires-Priseurs, rue de Rivoli, 144. 800—40695

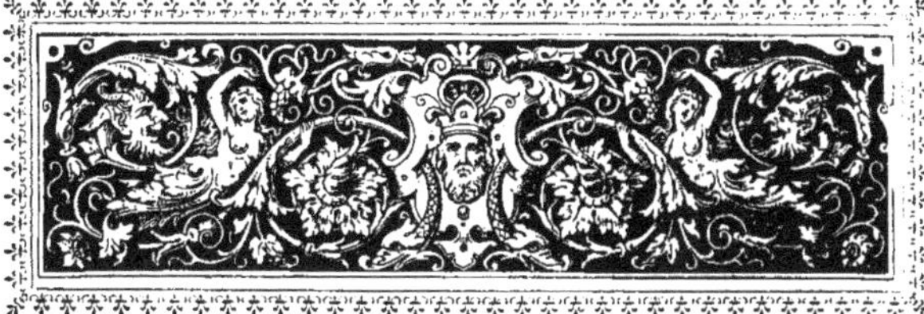

# Désignation

## BRILLANTS, PERLES et Bijoux

1 — Deux très beaux Boutons d'oreilles, formés chacun d'un brillant solitaire.

2 — Deux Boutons d'oreilles formés chacun d'un brillant entouré de huit autres brillants.

3 — Bracelet-Gourmette monté de cinq beaux brillants et de quatre saphirs.

4 — Bracelet-Gourmette monté de six brillants, quatre rubis et de cinq perles, dont une noire.

5 — Bague-Marquise pavée de vingt et un brillants.

6 — Bague ornée d'une perle noire entre deux jolis brillants.

7 — Bague ornée d'un beau rubis entre deux brillants.

8 — Bague ornée d'une belle émeraude entre deux brillants.

9 — Bague en or montée d'un joli brillant.

10 — Bague ornée d'une jolie perle ronde d'Orient.

11 — Bague ornée d'une petite perle noire et de petits brillants.

12 — Broche en forme de couronne baronnale, orné de neuf jolies perles, trois émeraudes, deux saphirs et de roses.

13 — Bracelet composé de huit rangs de perles fines avec fermoir en forme de dé à jouer et attaches en or garnies de petits rubis, saphirs et brillants alternés par deux perles.

14 — Broche fer à cheval ornée de quinze petits brillants et entourée de quinze perles fines.

15 — Broche formée de deux bâtons garnis de trois rubis et trois saphirs reliés par un ruban de roses.

16 — Bracelet porte-bonheur garni de quinze brillants

17 — Broche en forme de hanneton en grenat, ornée de roses.

18 — Bracelet-Chaînette orné d'une grosse perle, de petits rubis, saphirs, brillants et roses.

19 — Broche-Médaillon en or avec lézard garni de roses.

20 — Broche en forme de feuille de fougère pavée de roses.

21 — Bracelet d'or garni de cinq turquoises.

22 — Broche-Papillon en or, garnie de petits brillants et de perles.

23 — Chaîne de col en or, garnie de cinquante perles.

24 — Petite Montre à remontoir en or avec chiffre gravé.

25 — Broche en forme de papillon en émail bleu orné de petites roses.

26 — Broche en forme d'une feuille avec perle au centre.

27 — Épingle pavée de sept petits rubis et six petites roses.

28 — Épingle pavée de neuf petits saphirs et de roses.

29 — Epingle garnie de roses.

30 — Deux Épingles à cheveux en écaille, ornées de motifs garnis de roses.

31 — Deux autres Épingles en écaille garnies chacune de treize roses.

32 — Petite Montre à remontoir en or avec chiffre en roses.

33 — Châtelaine en or ciselé à fleurettes et ornements.

34 — Deux Bagues ornées chacune d'une turquoise.

35 — Médaillon d'or avec chiffres en relief et Collier-Gourmette.

36 — Trois Bracelets divers, en or.

37 — Une Broche médaille romaine et une autre Broche monogramme.

38 — Broche en or émaillé représentant un coq avec devise.

39 — Étui à fard en or.

40 — Deux Boutons de chemise, l'un avec perle et une Épingle à cheveux en or.

41 — Bourse en or avec chiffres.

42 — Bourse en argent, deux Flacons à sel et un Cendrier.

43 — Pendule mignonnette de voyage, de chez Le Roy, en émail cloisonné translucide.

44 — Miniature d'après Chaplin, par M$^{me}$ Julie-Jacta Dumont : *Le Réveil.*

## ARGENTERIE

45 — Coupe russe en argent gravé à inscriptions.

46 — Coupe russe en forme de cuiller.

47 — Petite Bonbonnière en argent battu et repoussé à feuillages.

48 — Petit Miroir de poche en argent gravé, à figures et feuillages.

49 — Deux Cuvettes et deux Pots à eau en argent guilloché, les anses formées par des lions debout.

50 — Garniture de toilette en cristal, avec garniture d'argent.

51 — Six Assiettes.

52 — Service composé de douze grands Couverts, douze Couverts à dessert, douze grands Couteaux et vingt-quatre Couteaux à dessert à manches d'argent.

53 — Service composé de dix-huit grands Couverts, douze Couverts à dessert, dix-huit grands Couteaux et douze Couteaux à dessert à manches d'argent, douze Cuillers à café, Louche et Pince à sucre.

54 — Cafetière et Sucrier.

55 — Chocolatière et Pot à lait.

# TABLEAUX, AQUARELLES

---

## BOUCHER (D'après)

56 — *Les Baigneuses.*

Aquarelle.

## BRASCASSAT

57 — *Animaux au repos dans une prairie.*

Des chèvres noires et blanches et des moutons sont accroupis et au repos, à droite, à gauche aux plans secondaires, leur gardien est assis sur la mousse. Au fond, la campagne se nimbe de vapeurs, mettant un voile bleuté au front des collines.

*(Extrait du catalogue de la collection Daupias, n° 82.)*

Signé à gauche et daté de 1845.

Bois : H. $0^{m}25$. L. $0^{m}33$.

## CHAPLIN

58 — *La Lettre.*

Une jeune femme est assise, les épaules et la gorge nues et lit une lettre — une lettre d'amour sans doute, découverte parmi les fleurs dispersées sur ses genoux et mettant un refrain rose sur l'harmonie bleue de sa sortie de bal bordée de cygne blanc.

(*Extrait du catalogue de la collection Daupias, n° 91* où ce tableau est reproduit en photogravure.)

Signé à droite.

Toile : H. $0^{m}74$. L. $0^{m}50$.

## DEVEDEUX

59 — *Baigneuse.*

Jeune femme assise au bord d'un cours d'eau, où elle baigne ses jambes.

Toile ovale : H. $0^{m}47$. L $0^{m}36$.

## DEVEDEUX

60 — *Baigneuse.*

Jeune femme nue étendue sur l'herbe au bord d'une rivière.

Toile ovale : H. $0^{m}46$. L. $0^{m}36$.

## DIAZ (N.)

61 — *Forêt de Fontainebleau.*

Entre les bouquets d'arbres qui dressent leurs frondaisons déjà jaunies par l'automne, la nature dessine une éclaircie dont le sol est creusé d'une petite mare. Quelques quartiers de roc surgissent de l'eau où miroite le ciel nuagé. Parmi l'herbe encore verte, quelques touffes de bruyères roussies. Dans un sentier qui serpente, une *moussière* porte sa cueillette de la journée. Dans le fond, sous la transparence d'un ciel où courent des vapeurs blanches, la forêt poursuit sa ligne de têtes enfeuillées où le vent qui passe met de frissonnantes ondulations.

(*Extrait du catalogue de la collection Bellino, n° 13* où ce tableau a été reproduit en photogravure.)

Signé à gauche : N. DIAZ, 69.

Toile : H. $0^{m}37$ 1/2. L. $0^{m}55$ 1/2.

Exposition d'Alsace-Lorraine 1885.

Exposition centennale de l'Art français 1889.

Collection Bellino.

## DOMINGO

62 — *Après la Bataille.*

Le ciel est tourmenté : la nuit n'est pas encore tombée pour y effacer les colères du jour. La campagne est déserte, sauvage, dévastée. Au premier plan à gauche, des cadavres. En ligne, occupant le second plan jusqu'à la droite, des cavaliers, l'épée au poing, semblent saluer une dernière fois ceux qui ne sont plus.

Sur le sol détrempé de pluie et de sang, il y a de creux sillons ; à l'horizon, vers la gauche, la tache de pourpre d'un soleil couchant.

*(Extrait du catalogue de la collection Daupias, n° 116.)*

Toile : H. 0m38. L. 0m71.

## DUPRÉ (Jules)

63 — *Paysage.*

Au milieu d'un paysage tout ensoleillé, un bouquet d'arbres se reflète dans l'eau d'une petite rivière que traverse une paysanne.

Plus loin, dans la plaine, on aperçoit deux chaumières et quelques arbres.

Signé à gauche.

Toile : H. 0m22. L. 0m27.

## FLANDIN (Eug.)

64 — *Cavaliers arabes au bord de la mer.*

*Marche d'une Caravane.*

Deux aquarelles.

## FROMENTIN (Eugène)

65 — *Le Fauconnier arabe.*

Monté sur un cheval lancé au grand galop, il traverse la plaine précédant d'autres cavaliers.

Aquarelle signée à gauche.

H. $0^{m}44$. L. $0^{m}31$.

## GREUZE (Genre de)

66 — *Jeune Fille en buste.*

Bois : H. $0^{m}30$. L. $0^{m}22$.

## HENNER

67 — *Rêverie.*

Une jeune fille au regard ~~vague~~ et rêveur ~~rempli de poésie~~, est représentée de face, en buste, vêtue d'un corsage rouge, sa chevelure abondante lui couvre le front et retombe sur les épaules.

Signé en haut, à gauche.

Bois : H. $0^{m}26$. L. $0^{m}20$.

## IWILL

68 — *Vue de Dordrecht.*

La vue est prise d'un bras de la Meuse. A gauche, les constructions de la ville bordent la rivière qui s'étend à l'horizon, éclairée par le soleil couchant.

Beau dessin au pastel.

Signé à gauche et daté 1889.

H. $0^{m}50$. L. $0^{m}93$.

## LAVREINCE (D'après)

69 — *Le Roman dangereux.*

Aquarelle.

## LECOMTE (V.)

70 — *La Veillée.*

Une jeune couturière travaille à la lueur d'une lampe posée sur une table.

Bois : H. $0^{m}31$. L. $0^{m}24$.

## LEMAIRE (M^me^ MADELEINE)

71 — *Fruits.*

Deux oranges, dont une ouverte, des raisins, une coupe en porcelaine de Chine, un verre vin du Rhin posés sur une table.

Aquarelle, signée à droite.

H. 0m44. L. 0m35.

## MILLET fils (F.)

72 — *Les Meules de Blé.*

Sur la fin du jour, une femme et un paysan terminent le faîtage d'une meule de blé.

Pastel.

H. 0m35. L. 0m44.

## NAVLET

73 — *Réunion près du temple de l'Amour dans le jardin de Trianon.*

Aquarelle.

## NAVLET

74 — *La Présentation dans le théâtre du palais de Versailles.*

Aquarelle.

## PALMAROLI

75 — *L'Attente.*

Debout, au pied d'un escalier de pierre, une jeune andalouse en costume de brocart et de velours, la tête enveloppée d'une mantille rose, épie l'arrivée de son fiancé. Elle l'aperçoit sans doute, car la joie illumine son charmant visage.

Toile : H. $0^{m}73$. L. $0^{m}37$.

## WALKER

76 — *Le Gardien du Sérail.*

Aquarelle.

## ROSIER (A.)

78 — *Vue de Venise.*

Au fond, le dôme de la Salute se découpe sur le ciel éclairé par la lune.

Aquarelle. Signée à gauche.

H. $0^{m}25$. L. $0^{m}18$.

## ROSIER (A.)

79 — *Venise, soleil couchant.*

Aquarelle.

H. $0^{m}25$. L. $0^{m}18$.

## TROUILLEBERT

80 — *Paysage.*

Un chemin, bordé d'arbres à gauche, conduit à un étang. Au delà, se dessinent les silhouettes d'un clocher et des maisons d'un village.

H. $0^{m}42$. L. $0^{m}32$.

## ZIEM

81 — *Venise.*

Au milieu du grand canal, deux bateaux à voiles préparent leur appareillage; autour d'eux, voguent deux gondoles; l'une, au premier plan, est chargée de passagers. Au fond, à droite, d'autres bateaux près des quais. Le palais des Doges et la Piazetta; à gauche, la Dogana et la Salute.

Signé à gauche.

H. $1^{m}66$. L. $1^{m}10$.

## ECOLE FRANÇAISE

82 — *Le Triomphe d'Amphitrite.*
*L'Enlèvement d'Europe.*

Deux jolies gouaches dans le goût du XVIIIe siècle, avec bordures, ~~de style~~ Louis XV, en bois sculpté.

H. 1m13. L. 0m27.

## ECOLE ITALIENNE

83 — Deux Anges dans des cadres de style gothique, copies d'après Fra Angelico.

# GRAVURES EN COULEUR

84-86 — Cinq Pièces, d'après Debucourt et Lavreince.

# PORCELAINES

87 — Deux Lampes formes de vases en céladon bleu turquoise truité, avec montures en bronze de style chinois.

88 — Deux Lampes en porcelaine flambée.

89 — Jardinière ronde à piédouche en faïence de Deck, bleu turquoise à dragons en relief, genre chinois.

90 — Très grand Groupe en porcelaine de Saxe, sujet mythologique et allégorique.

91 — Deux Figures d'enfants en Saxe moderne.

92 — Pendule forme d'un fût avec buste de Marie-Antoinette en porcelaine bleu turquoise et deux Girandoles de même porcelaine.

93 — Groupe en porcelaine moderne de Saxe : *Le Triomphe d'Amphitrite.*

94 — Deux petits Groupes et deux petits Vases en porcelaine genre Saxe.

95 — Ecuelle et son Plateau en porcelaine genre Saxe à fleurettes en relief et médaillons en camaïeu carmin.

96-98 — Groupes en porcelaine de Saxe moderne : *La Chaise à porteurs*, Bustes d'Enfants et divers petits Objets d'étagère. Coffret forme d'œuf en vernis genre Martin, décoré d'un sujet pastoral d'après Boucher.

99 — Deux Potiches couvertes en porcelaine moderne du Japon.

100 — Vase cylindrique en porcelaine moderne du Japon.

# SCULPTURES

101 — **Marbre blanc.** *Vénus à la coquille*, réduction demi-nature, sur socle à angles coupés, orné de bronzes.

Haut. 0m61.

102 — **Marbre blanc.** *L'Amour et Psyché*, d'après Canova.

Haut. 0m75.

103 — **Cire.** *Les Hirondelles*, par Jean Gautherin, 1889.

104 — Groupe en terre cuite d'après Houdon : *Le Baiser*.

105 — Groupe d'après Clodion : *Faune et Bacchante*.

106 — Colonne support en marbre, à chapiteau corinthien et tore de laurier en bronze doré.

107 — Grand Vase Médicis en albâtre sculpté.

108 — Statuette de *Soldat blessé* en albâtre et deux petits Bustes.

109 — Cinq Hauts-Reliefs en plâtre bronzé, d'après l'antique.

# BRONZES D'ART

110 — *Les Lutteurs*, groupe en bronze de BARBEDIENNE.

Haut. 0m40.

111 — Buste de Chinois, bronze d'après CARPEAUX.

Haut. 0m34.

112 — *Le Chanteur florentin*, bronze de BARBEDIENNE, d'après P. DUBOIS.

Haut. 0m39.

113 — *Mercure*, bronze de BARBEDIENNE, d'après JEAN DE BOLOGNE.

Haut. 0m90.

114 — *Vénus Callipyge*, bronze d'après l'antique.

115 — Vase cylindrique en bronze patiné et niellé du Japon.

116 — Statuette de *Faune dansant*, d'après LEQUESNE, bronze à patine verte.

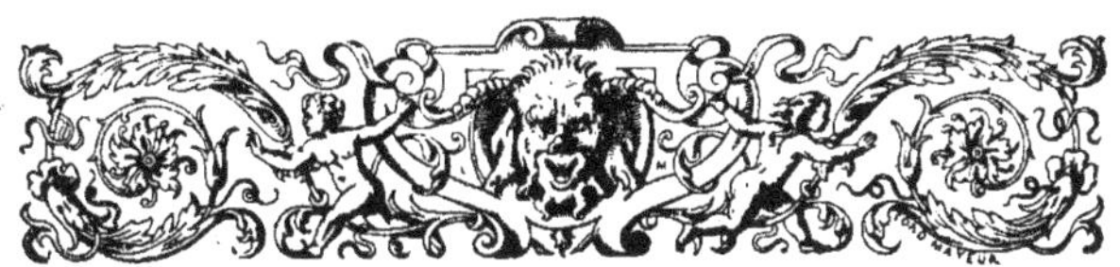

# BRONZES D'AMEUBLEMENT
## et Fers forgés

---

117 — Belle Garniture de cheminée en marbre onyx veiné avec riches montures en bronze ciselé et doré. Elle est composée d'une Coupe ovale à piédouche et de deux Vases ovoïdes à anses formées de têtes de béliers, montés sur socles à quatre volutes feuillagées, de style Louis XVI.

118 — Petit Lustre à douze lumières, d'un joli modèle Louis XVI, à trois figures d'enfants se terminant en rinceaux et adossés à un carquois en bronze doré et bleui.

119 — Deux Candélabres à sept lumières, de style Louis XVI, modèle à trépied supportant un vase enguirlandé de fruits et surmonté d'un bouquet de rinceaux dont trois sont terminés par des têtes d'amours.

120 — Deux Flambeaux genre Louis XVI à têtes de béliers et à feuillages.

121 — Lustre à dix-huit lumières, style Louis XVI, en bronze garni de cristaux.

122 — Pare-Étincelle, genre Louis XVI, en bronze à médaillon et guirlandes.

123 — Jolie Garniture de cheminée, genre Louis XVI, en bronze doré et marbre blanc, composée d'une Pendule forme lyre, ornée de cariatides ailées et de draperies, de deux Candélabres à cinq lumières, modèle à vases ovoïdes, bustes d'enfants, draperies et rinceaux et de deux Flambeaux.

124 — Pare-Étincelles genre Louis XV en bronze à ornements et feuillages.

125 — Deux Flambeaux de style Roman à base triangulaire ornée de figurines, en bronze doré.

126 — Suspension de style Renaissance en fer forgé avec lampe et seize porte-bougies.

127 — Deux paires d'Appliques à trois lumières en fer forgé à feuillages.

128 — Miroir avec cadran en fer forgé, genre Renaissance.

129 — Deux Bouts-de-Table à deux lumières, portées par des figurines.

130 — Petite Pendule en forme de tourelle carrée de style gothique.

131 — Lanterne d'antichambre, genre Louis XIV, en cuivre, disposée à tirage pour l'éclairage au gaz.

132 — Jardinière ovale en cuivre estampé.

133 — Deux Flambeaux à trépieds et bustes ailés en cuivre.

# AMEUBLEMENTS

## MEUBLES DE SALON

134 — Joli Meuble d'entre-deux de style Louis XV, à contours en vernis genre Martin, orné de chutes et d'encadrements, rocaille en bronze ciselé et doré.

Il ouvre à deux portes représentant chacune un sujet dans le goût de Watteau, les côtés offrent des sujets galants peints en camaïeu rose.

Dessus de marbre brèche.

135 — Encoignure de même style que le meuble qui précède, ouvrant à une porte décorée d'un sujet de deux danseurs.

136 — Bureau à cylindre ou Bonheur du jour, le haut formant étagère sur les côtés, en acajou garni de cuivre et décoré de peintures en vernis genre Martin, représentant des sujets familiers et des fleurs.

137 — Petite Armoire formant gaine de forme contournée, de style Louis, XV en bois de rose et satin, richement ornée de bronzes dorés, chutes, sabots et encadrements. Dessus de marbre vert.

138 — Console genre Louis XVI, en bois finement sculpté et doré, la ceinture ornée de deux branches de lauriers avec nœud de ruban, repose sur quatre pieds fuselés et cannelés reliée par un entrejambe. Dessus de marbre brèche.

139 — Table de salon de même style, recouverte d'un tapis de peluche rouge.

140 — Beau Meuble de style Louis XIII, forme crédence ouvrant à deux portes, avec support à pieds carrés gaînés et fond plein, entièrement marqueté à vases de fleurs et ornements en bois de couleur sur bois d'ébénier.

141 — Petit Meuble à deux corps et orné de colonnettes en bois de noyer sculpté de style Renaissance ; le bas ouvre à une porte avec motif d'ornements, le haut forme étagère et ouvre à deux portes, offrant deux têtes en relief.

142 — Vitrine de forme Louis XV, mi-partie vitrée, en bois sculpté à ornements rocaille et décorée au vernis genre Martin, de gracieux sujets dans le goût de Watteau, et de fleurs.

143 — Table à Thé à deux Plateaux, de forme contournée de style Louis XV, décorée en vernis genre Martin, de figures de musiciens et d'attributs dans des ornements fleuris

144 — **Piano droit de Pleyel** en bois de palissandre.

145 — Table ronde de style Louis XVI, à quatre pieds cannelés, en bois d'acajou et ornée de bronzes.

146 — Guéridon à livres à tablettes tournantes en bois sculpté, le dessus décoré d'un sujet pastoral d'après Boucher, en vernis genre Martin.

147 — Petite Table de fantaisie décorée en vernis genre Martin, à sujet pastoral et fleurs.

148 — Table à ouvrage de style Louis XV, forme ovale à trois tiroirs, et Tablette d'entrejambe en laque et vernis Martin.

149 — Bel Ameublement de salon de style Louis XVI, en bois sculpté et doré, à feuilles d'acanthe, rubans, rais de cœurs, les dossiers ornés de guirlandes de lauriers retenues par des rubans; avec garniture de soie brochée, de style, à bouquets de fleurs sur fond cendré. Il est composé d'un grand Canapé à encoignures, un petit Canapé de forme carrée, quatre Fauteuils et deux Chaises.

150 — Deux jolies Chaises de style Louis XVI, avec dossiers à colonnettes cannelées en bois sculpté et doré à rubans, garnies de satin rose brodé à fleurs.

151 — Petit Canapé de style Louis XVI, à dossier de forme cintrée, en bois de noyer sculpté à rais de cœur et perles et à cannelures dorées, il est garni de velours épinglé à fond rose et fleurettes.

152 — Deux Fauteuils de même style accompagnant le canapé qui précède.

153 — Deux Bergères d'un joli modèle Louis XVI en bois finement sculpté à feuilles d'eau, rais de cœur et perles rehaussées de dorure sur fond laqué, ils sont garnis de velours de style à rayures et fleurettes en vert sur fond blanc.

154 — Deux autres Bergères de style Louis XVI, sculptées à rubans et perles, en dorure sur fond laqué, garnies de même étoffe que les précédentes.

155 — Grand Divan à trois coussins, garni de soie semblable au meuble de salon et satin rouge, avec franges.

156 — Deux Fauteuils confortables, garnis de soie à dessin oriental et de franges.

157 — Cinq Coussins en peluche et broderies orientales.

158 — Canapé entièrement garni de soierie orientale à rayures de diverses nuances sur fond vert.

159 — Deux Chaises légères de style Louis XVI à siège rond et dossier ovale en bois sculpté et laqué, à nœud de ruban, perles et fleurs, garnies de canne.

160 — Tabouret de piano en palissandre sculpté, genre Louis XVI, garni de peluche.

161 — Petite Tricoteuse formant écran en noyer, garnie de soie genre Louis XVI.

162 — Table pliante en marqueterie à damier et fleurs.

## CHAMBRE A COUCHER

163 — Très bel Ameublement de style Louis XVI, en bois sculpté et laqué à deux tons, orné de motifs peints et rehaussé de dorure.

Il est composé d'un Lit de milieu à colonnettes cannelées, moulures de perles et rubans, le chevet surmonté d'une guirlande et de branches de lauriers, le pied avec motif peint à médaillon et rinceaux.

Une Armoire à glace à trois portes, celle du milieu à glace, les deux autres ornées de motifs peints à vases, guirlandes et rinceaux.

Un Secrétaire forme chiffonnier à trois tiroirs et deux Tables de nuit.

164 — Guéridon à trois pieds et colonnettes en bois laqué rehaussé de dorure et à dessus d'onyx d'Algérie.

165 — Deux Chaises de style Louis XVI, en bois laqué, garnies de satin bleu clair.

166 — Chaise longue et deux Fauteuils garnis de satin bleu capitonné.

## SALLE A MANGER

167 — Ameublement de salle à manger en bois noir sculpté, genre Renaissance, à médaillons de trophées, mascarons et motifs d'ornements.

Composé de : un grand et un petit Buffets à angles arrondies, une Table carrée, dix Chaises garnies de maroquin rouge.

## CABINET DE TOILETTE

168 — Grande Toilette en bois mouluré et laqué.

169 — Armoire à glace à une porte en bois laqué.

170 — Table forme rognon en bois laqué.

171 — Chaise longue, un Canapé d'angle, un Fauteuil garni de toile peinte à plantes et fleurs.

172 — Table de lit en noyer.

173 — Fauteuil de malade en acajou et moleskine, système Dupont.

## MEUBLES D'ANTICHAMBRE

174 — Porte-Manteau de style Henri II, en noyer avec fond de glace et patères en cuivre.

175 — Canapé en noyer garni d'étoffe brochée, genre Renaissance, fond rouge à écusson.

176 — Table genre Louis XIII en noyer, à pieds fuselés, reliés par une traverse.

177 — Quatre Chaises genre Henri II en noyer, garnies de cuir gaufré.

178 — Étagère en bambou, laque et natte.

179 — Glace à bordure ornée.

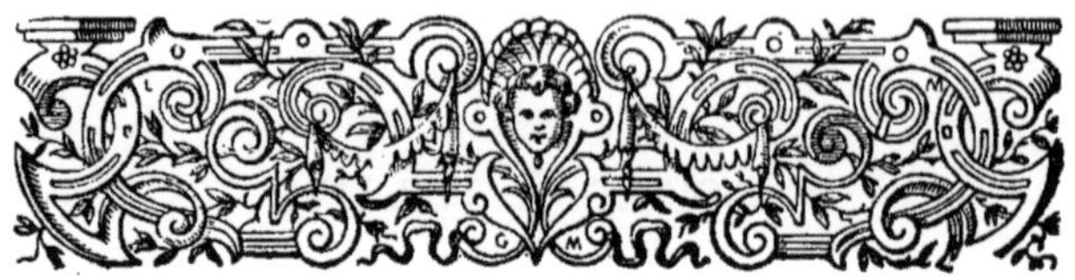

# TAPISSERIES ANCIENNES

Quatre très belles Tapisseries de la fabrique d'Aubusson, du XVIIIe siècle, représentant de gracieux sujets à figures mongoles, d'après J.-B. Le Prince. Elles sont entourées de bordures d'ornements alternés par des cabochons simulant des saphis et des rubis.

180 — 1° *Le Café.*

Dans un beau parc verdoyant, une jeune femme et un personnage dégustent le café, assis près d'un kiosque rustique et d'un piédestal surmonté d'un vase de fleurs. Autour d'eux six enfants ou serviteurs : l'un tient un parasol ouvert, deux autres assis à droite se partagent le contenu d'une coupe ; à gauche, un serviteur prépare sur un fourneau le breuvage que deux enfants portent aux maitres, mais l'un de ces derniers est tombé par terre brisant sa tasse.

181 — 2° *La Volière.*

Une jeune femme accompagnée de deux enfants, sont près d'une volière de laquelle un serviteur laisse échapper divers oiseaux ; à droite, dans un kiosque un cinquième personnage regarde le paysage avec une longue-vue.

182 — 3° *La Pêche.*

Un homme en riche costume oriental est assis sur un tertre devant un kiosque et au bord d'un cours d'eau, il relève un filet pendant qu'un enfant à ses pieds lui présente une anguille.

183 — 4° *Les Fruits.*

Un jeune homme et sa compagne sont assis à terre, celle-ci a recueilli des fruits dans un pli de sa robe. Près d'eux un homme semble greffer un arbuste. Au fond, dans un kiosque se voit un quatrième personnage.

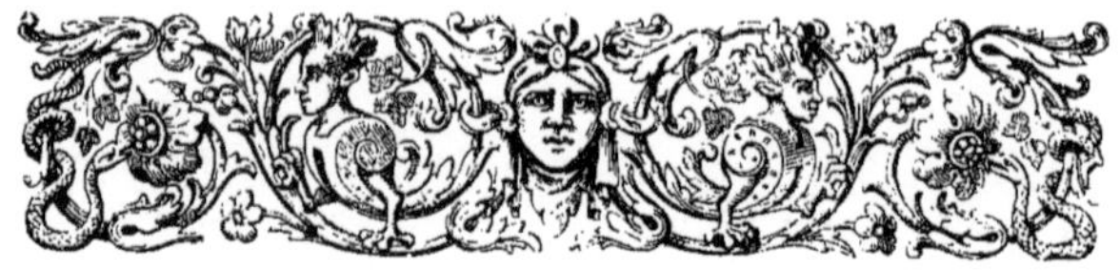

# TENTURES ET TAPIS

185 — Belles Tentures de deux croisées et de quatre portes en soierie de style Louis XVI, brochée à bouquets de fleurs sur fond cendré et formant bonne grâce sur doubles rideaux en soie rouge.

186 — Deux Tentures de croisées, une Portière double et deux Portières simples, en damas vert, de style Louis XVI, à rayures et branches de fleurs.

187 — Tablette de cheminée en velours à rayures et fleurs vertes sur fond blanc.

188 — Dessus de piano en peluche grenat et dentelle d'or et d'argent.

189 — Tenture de lit avec baldaquin. Deux Tentures de croisées et une Portière double avec lambrequins, et deux Portières simples; le tout en satin bleu clair à rayures.

190 — Trois Portières doubles et deux Rideaux de fenêtre en étoffe brochée à fond rouge et écussons genre Renaissance.

191 — Rideaux de croisée, deux Portières et un Tapis de table, en velours rouge gaufré.

## TAPIS DE SMYRNE

192 — Beau Tapis de Smyrne à riche dessin d'animaux dans des ornements arabesques de nuances variées, sur fond bleu et rouge, avec large encadrement à palmes et enroulements sur fond blanc.

193 — Tapis de Smyrne à ornements arabesques de nuances variées.

194 — Grand Tapis de Smyrne, fond bleu clair, à motif et encadrement d'arabesques en couleurs sur fond rouge et bleu.

196 — Tapis en moquette fond rouge.

# LIVRES

**Environ 80 Volumes reliés** :

Œuvres de MUSSET, édition Charpentier, 1879.

Mémoires de CASANOVA, édition de Bruxelles.

BARBEY D'AUREVILLY, édition Lemerre.

G. FLAUBERT, *Madame Bovary*.

M. DU CAMP, *les Convulsions de Paris*.

Théâtre de LABICHE.

Théâtre d'ALEX. DUMAS fils.

Théâtre d'E. AUGIER.

Théâtre de V. HUGO.

Vingt Pièces de théâtre avec dédicaces d'auteurs.

# LINGE, FOURRURES
## Garde-Robe

Draps, Nappes et Serviettes.

Linge de corps.

Jaquette et Manteau loutre.

Robes et Manteaux.

# VINS

Environ **450 Bouteilles** vins divers : Barsac, Pauillac Marsala, Porto.

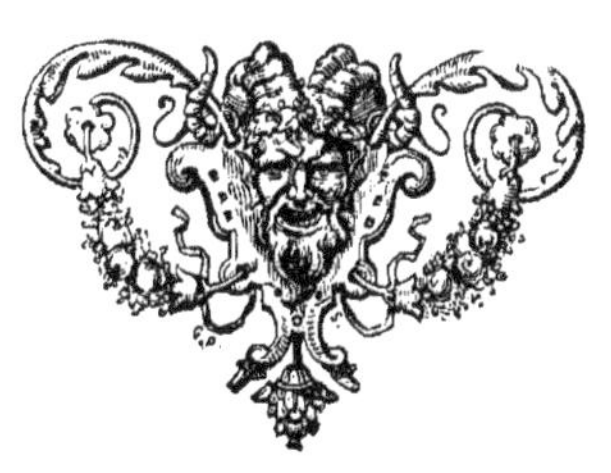

A l'hôtel Drouot hier a commencé la vente des différents objets d'art et tableaux dépendant de la succession de Mme Mathilde Dinelli.

La vacation d'hier comprenait quelques bons tableaux modernes achetés dans les ventes importantes faites ces dernières années. Aucun de ces tableaux ainsi qu'on va s'en rendre compte n'a atteint le prix auquel ils avaient été achetés.

*Animaux au repos dans une prairie*, par Brascassat, payés 2,600 fr. à la vente du comte Daupias, en mai 1892, adjugés 1,200 fr. *La lettre*, par Chaplin, acheté 5,600 fr. à la même adjudication, vendu hier 5,420 fr. *Forêt de Fontainebleau*, par Diaz, adjugé 19,100 fr. à la vente Bellino, en mai 1892, vendu hier 14,200 fr. *Après la bataille*, par Domingo, acheté 2,000 fr. à la vente Daupias, adjugé 505 fr. Paysage, par Jules Dupré, vendu 8,000 fr. à la vente Koning, l'année dernière, adjugé 5,200 fr. *Venise*, par Ziem, payé 7,500 fr. par Mme Dinelli, vendu 6,500 fr.

www.ingramcontent.com/pod-product-compliance
Ingram Content Group UK Ltd.
Pitfield, Milton Keynes, MK11 3LW, UK
UKHW021316190726
13839UKWH00007B/1888

9 782329 516776